63 poemas de amor
a mi Simonetta Vespucci


63 Love Poems
to My Simonetta Vespucci

MUSEO SALVAJE

Colección de poesía

---

Poetry Collection

WILD MUSEUM

Francisco de Asís Fernández

# 63 POEMAS DE AMOR A MI SIMONETTA VESPUCCI

# 63 LOVE POEMS TO MY SIMONETTA VESPUCCI

Traducido por / Translated by
Stacey Alba Skar-Hawkins

Prólogo por / Foreword by
Gioconda Belli

Nueva York Poetry Press

Nueva York Poetry Press LLC
128 Madison Avenue, Oficina 2RN
New York, NY 10016, USA
Teléfono: +1(929)354-7778
nuevayork.poetrypress@gmail.com
www.nuevayorkpoetrypress.com

*63 poemas de amor a mi Simonetta Vespucci*
*63 Love Poems to My Simonetta Vespucci*
© 2021 Francisco de Asís Fernández

© Traducción:
Stacey Alba Skar-Hawkins

© Prólogo
Gioconda Belli

ISBN-13: 978-1-950474-68-4

© Colección Museo Salvaje vol. 35
(Homenaje a Olga Orozco)

© Dirección:
Marisa Russo

© Edición:
Francisco Trejo

© Diseño de interiores:
Moctezuma Rodríguez

© Diseño de portada:
William Velásquez Vásquez

© Fotografía de autor:
Evelyn Flores

De Asís Fernández, Francisco
*63 poemas de amor a mi Simonetta Vespucci / 63 Love Poems to My Simonetta Vespucci*, 1ª ed.
New York: Nueva York Poetry Press, 2021. 182 pp. 5.25 x 8 inches.

1. Poesía nicaragüense. 2. Poesía latinoamericana.

Todos los derechos reservados. Esta publicación no puede ser reproducida, ni en todo ni en parte, ni registrada en o transmitida por, un sistema de recuperación de información, en electroóptico, por fotocopia, o cualquier otro, sin el permiso previo por escrito de la editorial, excepto en casos de citación breve en reseñas críticas y otros usos no comerciales permitidos por la ley de derechos de autor. Para solicitar permiso, contacte a la editora por correo electrónico: nuevayork.poetrypress@gmail.com.

## El poeta y Simonetta Vespucci

He recibido incrédula la llamada de Francisco de Asís Fernández. Me pide con desesperación que vaya a su casa. Su voz suena asustada, pero extrañamente eufórica, una mezcla confusa de emociones que no encuentro como explicar, pero que me preocupa. Francisco es poeta, un ser delicado, frágil, dentro de su cuerpo nacido bajo el signo del Toro. Frágil pero tenazmente fuerte y apegado a la vida. Su salud le ha jugado malas pasadas en los últimos años. Y aunque diga en el día que la muerte lo ronda, en la noche lo imagino espantándola con una escoba para que se vaya de su casa. Hasta ahora lo ha logrado. Ha logrado esa danza del odio y el amor. En ese menester, su poesía sitiada por el dolor y la avidez de la vida, lo ha convertido en una fuente de palabras. Un libro tras otro sale de sus manos. Los poemas rodean su soledad, su cabeza de aristócrata granadino-habitada por recuerdos de casas solariegas, capillas, santas, su padre de lengua celestial y su bella madre, sus ayas, su hermana, los hijos, los nietos y la belleza incansable de Gloria, su esposa.
Me visto corriendo. Voy vadeando el tráfico de Managua y llego donde él agitada.
-Está en su cuarto con una señora -me dice la doméstica que abre la puerta.
En el umbral de su habitación, me mira desde la cama y se pone el dedo sobre los labios. De pie, al fondo, diviso una figura etérea, cuyo ropaje me es familiar. ¿Dónde vi antes esas gasas, ese tenue traje a través del cual se vislumbran altas piernas, ese cabello trenzado de color miel, los brazos

## THE POET AND SIMONETTA VESPUCCI

I am perplexed as I receive a phone call from Francisco de Asís Fernández. He implores me to go to his home. His voice sounds frightened, yet oddly euphoric, a confusing array of emotions that I cannot adequately describe, but that worry me. Francisco is a poet, a delicate being, fragile inside his body born under the sign of Taurus. Fragile yet tenaciously strong and alive. His health has hit him hard in recent years. And although he may say that he spends each day at death's door, I have an image of him at night chasing death with a broom and sweeping her out of his house. So far he has managed. He has managed that dance between love and hate. In that dance, his poetry, brimming with pain and a passion for life, has turned him into a fountain of words. Book after book flows from his hands. Poems fill his solitude, his Granadine-artistocrat head, filled with memories of ancestral homes, chapels, saints, his father's celestial language, his beautiful mother, his nannies, his sister, children, grandchildren, and the timeless beauty of Gloria, his wife.
I get dressed in a hurry. I make my way through Managua's traffic, all worked up when I reach him.
-He is in his room with a woman —the maid tells me as she opens the door.
At the door to his room, he looks at me from his bed, putting a finger over his lips. I see an ethereal figure standing in the background. Her clothing looks familiar to me. Where have I seen that gauze, that semitransparent garment hinting at her long legs, her braided hair the color

blanquísimos, las manos largas paseándose sobre los libros en la cómoda del cuarto de mi amigo Chichí?

Me acerco de puntillas a Francisco, que me llama por señas. Voy a la cabecera de la cama porque quiere susurrarme algo al oído. La mujer no se vuelve. Sigo viendo su espalda bajo el traje liviano.

-La hice venir -me dice Chichí- Yo la saqué del tiempo con mi amor.

Lo miro sin entender.

-Es Simonetta -me dice- Mi Simonetta Vespucci. Y la llama suavemente: Simonetta, Simonetta, vení.

Ella se vuelve. Reconozco entonces la familiaridad de su vestimenta. Es ella, sin duda. Ella la del cuadro Primavera de Botticelli, la del Nacimiento de Venus. Indudable. Su rostro perfecto, largo, lánguido, los ojos ámbar. Se acerca modosa, camina a unos centímetros de la tierra, flota al moverse. Me sonríe.

Quiero decirle a Francisco que me ha hecho cómplice de su alucinación. No puede ser. Es imposible. Ella pertenece al Renacimiento, no a esa Managua cálida, a ese cuarto al lado del jardín, al sonido de la tarde con los perros ladrando a lo lejos.

Sonriendo ante mi asombro, Simonetta se acerca y se sienta en la poltrona marrón que conozco, la misma donde Chichí se pone a mirar la televisión. Él se ríe malicioso, triunfante.

-Le escribí 63 poemas. La amé con tanta poesía que no le quedó más que venir. Te llamé para que la vieras con tus propios ojos, para que alguien más la vea, para que le hablés y te cuente.

-Me aburría -dice Simonetta, con una voz que suena a agua cristalina- Me aburría hasta que empecé a soñar con un

of honey, her alabaster arms, her elegant hands caressing the books on the dresser in my friend Chichí's room?

I tiptoe over to Francisco, who is waving for me to come closer. I lean over his bed because he wants to whisper something in my ear. The woman does not turn around. I see her back under the transparent dress.

-I brought her here —Chichí tells me- I brought her through time with my love.

I look at him without understanding.

Simonetta —he says- My Simonetta Vespucci. And he calls to her softly: Simonetta, Simonetta, come.

She turns around. I then realize why her clothing looks familiar. No doubt, it's her, the woman from Botticelli's "Primavera" painting, the "Birth of Venus." No doubt. Her perfect, long, languid face, her amber eyes. She comes closer slowly, gliding centimeters above the ground, floating as she moves. She smiles at me.

I want to tell Francisco that he has lured me into his dream. It can't be. It's impossible. She belongs in the Renaissance, not in sweltering Managua, in that room next to the garden, with the distant sound of dogs barking in the afternoon.

Smiling at my astonishment, Simonetta comes closer and sits in the brown chair I know well, the same one where Chichí sits to watch television. He gives a wicked laugh, full of himself.

-I wrote her 63 poems. I loved her with so much poetry that she had no other choice but to come. I called you for you to see her with your own eyes, so someone else could see her, so you can talk to her and she can answer you.

-I was bored —Simonetta answers, in a crystal clear voice- I was bored so I started dreaming of a poet who loved me.

poeta que me amaba. Hacía tanto tiempo que nadie pensaba en mí. Tantos me ven aún pero no me miran. Ven el pincel de él, de Sandro. Admiran su pericia, piensan que soy bella porque él me quiso bella. No saben que yo inspiré a todos los pintores de Florencia. Pero querían trascenderme. Sabían que mi belleza daría valor a sus lienzos, mi belleza, no yo; no yo Simonetta Vespucci, nacida en Porto Venere, un 28 de enero de 1454. En 1469 -tenía dieciséis años- cuando casé con Marco Vespucci y llegué a Florencia, donde me amaron todos, donde me enamoré de Giuliano de Medici, donde él me amó. El sí que me amó.
- ¡Nunca! -exclama Francisco- ¡Nunca te amó como yo!
-Mi poeta, no te enfades. Lo sé muy bien. Nadie me ha amado como vos. Nadie jamás me sacó del silencio como lo habéis hecho vos. Pero si no ha sido por ellos, por Sandro en especial, no me habríais conocido. No habríais estado mirándome tantas horas en el Nacimiento de Venus. Tantas horas en que, al verme, me pensaste.
-Tantas horas te amé. Yo no dibujé tu rostro. Yo dibujé la espesura de tu corazón palabra por palabra y te hiciste sangre de mi sangre, carne de mi carne. Te lo dije:
…Parece que todos vivimos atrapados en un sueño
y empezamos a vivir cuando alguien nos sueña y nos ve.
¿Cuántos sueños hemos tenido para que haya tantos planetas?
¿Será que nosotros mismos nos soñamos?
Y cuando soñamos con una mujer que amamos
¿por qué no podemos reinventarla?...

No one had thought about me for so long. So many still look at me but they don't see me. They see his paint brush, Sandro's. They admire his expertise, they think I am beautiful because he wanted me to be beautiful. They don't know that I inspired every painter in Florence. But they wanted to transcend me. They knew my beauty would make their paintings valuable, my beauty, not me; not Simonetta Vespucci, born in Porto Venere on January 28, 1454. In 1469, when I was sixteen, when I married Marco Vespucci and came to Florence, where everyone loved me, where I fell in love with Giuliano de Medici, where he loved me. He did love me.

-Never! –exclaimed Francisco- He never loved you like I do!

-My poet, do not be angry. I know very well. No one ever loved me as you do. No one ever brought me out of silence as you have. But if it hadn't been for them, especially for Sandro, you would have never known me. You would have never spent so many hours looking at me in the "Birth of Venus." So many hours that, seeing me, you thought me.

-So many hours I loved you. I did not draw your face. I drew the depth of your heart one word at a time and I made you from my flesh and blood. I told you:

...It is as though we are living trapped in a dream
and that life begins when someone dreams of us and
    sees us.
How many dreams have we had for there to be so many
    planets?
Could it be that we have dreamed ourselves?
And when we dream of a woman we love,
Why could we not reinvent her?,...

Veo el rostro de Simonetta, el tono de sus mejillas es el de dos rosas recién abiertas. Y mi amigo también se transfigura.

Yo, Gioconda, he leído los poemas a Simonetta Vespucci, los 63 poemas de amor que escribió Francisco. Me asombra el misterio, pero yo también habría cruzado el espacio por alguien que me dejara en los labios ese sabor a caramelo que tienen sus poemas. Ahora me basta su expresión de arrobo para saber de dónde viene el que dice:
Entre laureles y mandarinas
mi Simonetta puede tocar el cielo con la mano.
Simonetta exhala flores igual que Cloris
y es hija de la Aurora.
Mi Simonetta nació de la espuma y me dibuja
el Tigris y el Éufrates con la espuma.
Y viene en mis sueños borrando mi memoria
para que solo ella exista, ella y solamente ella.
Me pregunto si al leer los poemas de Francisco, habrá otros que se enamoren de Simonetta Vespucci. Pero sé que ella no escuchará a nadie más. Igual que encontró su pintor, pienso que ahora después de siglos, encontró a su poeta.

GIOCONDA BELLI
Managua, 4 de enero de 2019

I see Simonetta's face, her cheeks the color of two roses beginning to bloom. And my friend is also transfigured.

I, Gioconda, have read the poems to Simonetta Vespucci, the 63 love poems that Francisco wrote. I am in awe of their mystery, but I too would have crossed through time and space for someone who could leave my lips with the taste of honey in his poems. I am now in awe knowing where he comes from when he says:

Shrouded in oleander and mandarins
my Simonetta can touch heaven with her hand.
Simonetta exhales flowers like Cloris
and she is the daughter of Aurora.
My Simonetta was born in sea foam and she draws me
the Tigris and the Euphrates with foam.
And she comes to me in dreams erasing my memory
so that only she may exist, she and only she.

I wonder if others will fall in love with Simonetta Vespucci when they read Francisco's poems. But I know she will listen to no other. Just as she found her painter, I think that now, centuries later, she found her poet.

GIOCONDA BELLI
Managua, January 4, 2019

## AMATISTA DEL AGUA

Amatista del agua,
tú apareces en las líneas de mi mano
sembrando lluvias,
cantando el himno del amor de Edith Piaf,
llevándome de la mano como un ciego
a la hora de la resurrección de mi alma.
Tú eres la esposa de mis sueños
la esmeralda de Notre Dame.
Mi amatista del agua,
mi árbol de la vida sembrado en mis ojos de nieve.
Yo te elegí para que seas mi rosa de los vientos
mi salud, mi torre de marfil
mi perdón y mi vida eterna.

## WATER AMETHYST

Water amethyst,
you appear in the lines on my hand
planting rainstorms,
singing Edith Piaf's love hymn,
taking me by the hand like a blind man
to my soul's resurrection.
You are the wife of my dreams
Notre Dame's emerald.
My water amethyst,
my tree of life planted in my eyes of snow.
I chose you to be my rose of the wind
my health, my ivory tower
my forgiveness and my eternal life.

## Así es el amor

Parece parte del día
esta energía espiritual que me mantiene la vida.
Desde que la vi ya no tengo sosiego.
Ella danza como las olas del mar
y solo me calman los ángeles cuando
me leen sus poemas.

## THAT IS LOVE

It seems to flow from day
this spiritual energy keeping me alive.
Since the moment I saw her I have not rested.
She dances like ocean waves
and only angels may calm me as
they read me her poems.

## SIMONETTA TOCA EL CIELO CON SU MANO

Entre laureles y mandarinas
mi Simonetta puede tocar el cielo con la mano.
Simonetta exhala flores igual que Cloris
y es hija de la Aurora.
Mi Simonetta nació de la espuma y me dibuja
el Tigris y el Éufrates con la espuma.
Y viene en mis sueños borrando mi memoria
para que solo ella exista, ella y solamente ella.

## SIMONETTA TOUCHES HEAVEN WITH HER HAND

Shrouded in oleander and mandarins
my Simonetta can touch heaven with her hand.
Simonetta exhales flowers like Cloris
and she is the daughter of Aurora.
My Simonetta was born in sea foam and she draws me
the Tigris and the Euphrates with foam.
And she comes to me in dreams erasing my memory
so that only she may exist, she and only she.

## DESCUBREN UN NUEVO PLANETA

¿Dónde estaba este planeta que nadie conocía
y aparece ahora como si fuera un nuevo amor?
¿Cómo va a influir en las mareas, en los signos del
        zodiaco,
en la rotación de los astros del universo?
Parece que todos vivimos atrapados en un sueño
y empezamos a vivir cuando alguien nos sueña y nos ve.
¿Cuántos sueños hemos tenido para que haya tantos
        planetas?
¿Será que nosotros mismos nos soñamos?
Y cuando soñamos con una mujer que amamos
¿por qué no podemos reinventarla,
soñarla como a mi Simonetta Vespucci
en el Nacimiento de Venus
en medio del espacio abierto entre las estrellas
para hacer el amor conmigo como dos luceros?

## THEY HAVE DISCOVERED A NEW PLANET

Where was this planet no one knew existed
and now appears like a new love?
How will it impact the tides, the signs of the zodiac,
the rotation of the stars in the universe?
It is as if we all live trapped in a dream
coming into being when someone dreams us and sees us.
How many dreams have we had for so many planets to
       exist?
Could it be that we have dreamed ourselves?
And when we dream of a woman we love
why could we not reinvent her,
or dream her as my Simonetta Vespucci
in the Birth of Venus
in open interstellar space
to make love to me like two stars?

## UNA TANGARA AZULADA

Me encontré una Tangara Azulada comiendo
en un árbol lleno de jocotes
con la belleza real de María Teresa de Austria
y la pasión indomable de su nieta.
Este pajarito tiene el ardor y la elegancia de los Austria
y come y canta con la dulzura del ruiseñor de Keats.
Me contó que viene a este árbol todos los días
porque una vez un poeta le hizo un poema
y desde entonces siente la necesidad de oír versos
y letras de canciones que prometan amor.
Y que pregunten:
¿cuánto tiempo vive una promesa?

## A Blue Tanager

I came upon a Blue Tanager feasting
in a tree fruit full of jocote fruit
with Maria Theresa of Austria's royal beauty
and the untamable passion of her granddaughter.
This little bird has the fervor and elegance of the Austria
    line
and it feasts and sings with the sweetness of Keats'
nightingale.
It told me that it visits this tree daily
because a poet once wrote a poem for it
and from then on it yearns to hear verses
and song lyrics promising love.
And asking:
how long does a promise live?

## LAS COLINAS OCRES DE LAS MAÑANAS

Las colinas ocres de las mañanas
y las piscinas de oro en los mediodías.
Cuando estas lejos es el aire y las amapolas
y cuando vienes con jades y caracolas
siento el poder del magma en tus ojos que me aman,
ay, el presagio de tu pelo suelto bañándote desnuda.
Y yo, tu ángel, untado de espumas y de aceites de rosas.

## MORNING'S OCHRE HILLS

Morning's ochre hills
golden pools at noon.
When you are distant, air and poppies
and when you come near, jade and seashells
and I feel the power of magma as you look at me with
    love,
oh, the fantasy of your long hair as you bathe nude.
And I, your angel, slathered in foam and rose oil.

## DE UN LIRIO ESPIRITUAL

Niña nacida de un lirio espiritual y de la lluvia,
tú me iluminas.
No toques el alba porque puede transformarte
en un brioso caballo con alas,
puede asomarte a los amores gitanos
y convertirte en un cuchillo de plata.
Tú me iluminas con tu mano cuando abres el sol
para que tu belleza alimente la pureza de la luz.
Solo tú me bastas para entrar
y cerrar la puerta de la noche.

## From a Spriritual Lily

Child born from a spiritual lily and rain,
you illuminate me.
Do not touch the dawn for it may transform you
into a spirited winged horse,
it may show you gypsy love
and turn you into a silver knife.
You illuminate me with your hand as you open the sun
for the purity of light to nourish your beauty.
Only you allow me to enter
and close the door to night.

## ESE AZUL PRUSIA

Ese azul prusia que se te mete por los ojos
antes de salir del túnel lleno de soledad,
cuando empieza a deslumbrarte una única ilusión
y de nuevo vez por primera vez que la carne
de tu corazón también está hecha para la belleza
de los gusanos de seda, las trinitarias, las golondrinas
y los caracolitos de mar, y que también
quieres poner tu nombre en la corteza de un árbol.
Ese azul prusia del cielo que se te mete en la respiración
cuando sales de un túnel lleno de soledad
y ves que en un planeta destruido puedes tocar
las orquídeas, y amar el pezón rosáceo
inmaculado de mi Simonetta Vespucci
y escribirle un poema que signifique
que has vuelto a la vida.

## THAT PRUSSIAN BLUE

That Prussian blue that pierces your eyes
before emerging from the tunnel full of solitude,
when a sole illusion begins to overwhelm you
like a miraculous supernatural apparition
and you begin to see for the first time
that the flesh of your heart is also meant
for the beauty of silk worms
and bougainvillea, swallows, and seashells
and that you also want to carve your name into a tree
        trunk.
That Prussian blue of heaven that invades your lungs
as you emerge from a tunnel full of solitude
and you see that you can touch orchids on a destroyed
        planet
and love Simonetta Vespucci's immaculate pink nipple
and write a poem that means
that you have come back to life.

## SOBRE EL AMAZONAS

Todo el sol cayendo sobre el Amazonas,
sobre unas sombras alumbradas
por el sacrificio.
¿Qué mano del cielo arranca la luz y las sombras de tus
        ojos
para ponerle alas a las garzas blancas y morenas?
¿Por qué le quita al mar la belleza de sus olas profundas
para ponerte un corazón del color de los arrecifes de
        coral?
Todo el sol cayendo sobre Nicaragua
y yo sin poder darte un beso
como lo hacen las mariposas.

## ON THE AMAZON

Sun beating on the Amazon,
on shadows illuminated
by sacrifice.
What heavenly hand pulls light and shadows from your
    eyes
to draw wings on white egrets and great blue herons?
Why does it wrest beauty from the ocean depths
to give you a heart the color of coral reefs?
Sun beating on Nicaragua
and here am I unable to give you
butterflies kisses.

## HAY UN VERSO EN LA LLAMA

I

Hay un verso en la llama
sostenido por el alba y el viento
y tanto me quita el amanecer
como tu aliento en la rosa.
Hay un verso en la llama
que tus labios arrullan en secreto.

II

Yo soy la ternura que aspiré jugando
desnuda en la fina luna de plata del Nilo.
Soy tu aceituna, tu vino dulce
que te transforma en un fauno
que viene a mí una y otra vez
separando mi alma y mi carne
como el azul del cielo y una bestia devorada.

## A Verse in the Flame

I

There is a verse in the flame
nurtured by dawn and wind
and sunrise takes as much out of me
as your spirit gives the rose.
There is a verse in the flame
that your lips whisper in secret.

II

I am the tenderness I breathed playing
nude in the Nile's fine silver moon.
I am your olive, your sweet wine
transforming you into a faun
that comes to me over and over
splitting my soul from my flesh
like infinite blue and a beast devoured.

## El milagro de la vida

Yo vi hundirse la cordillera de Amerrisque
mientras el cielo se acercaba al azul de los árboles
como una llamarada de estrellas,
yo vi en los acantilados del mar vacío de aguas
a hombres y mujeres sacando agua salada de la piedra.
Pero yo siento que ni la cordillera de Amerrisque
ni el mar son tan necesarios como el amor
que pudo inventar el aire y el gorrión, los puntos
        cardinales,
el beso del alba en la piel, la erección y los versos.
Inventar los sueños y el paraíso terrenal
que son como una capa de tu piel,
inventar que nos queremos entre guerras
y que solo nos falta que desnuda te me acerques
y me hagas perder el sentido de la vida.

## THE MIRACLE OF LIFE

I watched the Amerrisque Mountains disappear
as the sky merged with the blue in the trees
like stars aflame.
I saw standing on the cliffs of an empty sea
men and women extracting salt water from a stone.
But I think neither the Amerrisque Mountains
nor the sea are as necessary as love
invented by air and the sparrow, the cardinal points,
the kiss of dawn on flesh, erections, verses.
Inventing dreams and earthly paradise
that are like a layer of your skin,
inventing our love for each other in the midst of war
that all that is left is for you to come to me nude
to make me forget the meaning of life.

## ESCLAVOS DE SU AROMA

La belleza se esconde en el candor de los años,
se va metiendo en los pliegues de la edad,
se va yendo en lágrimas incontenibles
que conmueve a ángeles y demonios.
El amor crea la belleza o te la quita.
El amor te salva o te mata.
Siempre estamos lejos de la meta persiguiendo
la belleza,
como a una droga le estamos atados,
somos esclavos de su aroma.
Hay que creer en la belleza, dedicarle la vida,
y hasta morir por ella.

## SLAVES TO ITS PERFUME

Beauty hides in the innocent passage of time,
it creeps into the wrinkles of age,
or it is lost in uncontrollable tears
that move angels and demons.
Love makes beauty or takes it from you.
Love saves you or kills you.
We are always far from reaching the goal pursuing
beauty,
like a drug addict,
slaves to its perfume.
You have to believe in beauty, dedicate your life to it,
even die for it.

## Perfectas como el arcoíris


Todas las flores silvestres son perfectas como el arcoíris
y hay doscientos mil millones de estrellas
perfectas que cuidan nuestro sueño.
¿Qué dice el sueño de la luna y las mareas?
¿Qué dice de la Rosa de los Vientos?
Yo quiero construir un tren para meter a todas las
        estrellas
y a todas las flores, la luna y las mareas,
para que viajen conmigo dándole vueltas al lago de
        Granada
y vivir haciéndole poemas a Simonetta
y dormirme todos los días con la felicidad en el manubrio.

## PERFECT LIKE THE RAINBOW

Wildflowers are all perfect like the rainbow
and there are two hundred billion perfect stars
watching over us as we sleep.
What does dreaming say of the moon and the tides?
What does it say of the Rose of the Winds?
I want to build a train to carry all the stars
and all the flowers, the moon and the tides,
to travel with me around and around the lake in Granada
and to live making poems
and to fall asleep each day with happiness at the controls.

## Palabra solar

Tienes una palabra solar cuando hablas
y creas el incienso y el sudario de mi cuerpo
que te ofrece una rosa virgen.
Tienes una palabra solar cuando creas el
aliento del Niágara con mi sangre.
Así me adivinas el pensamiento
y pones en mi boca la fruta desnuda.
Tú me regalas tu imaginación y la codicia
para que yo te haga un poema voraz,
idéntico a ti,
con una palabra solar.

## SOLAR LANGUAGE

You possess a solar language when you speak
turning my body that offers you a virgin rose
into incense and a shroud.
You have a solar language when you turn
my blood into Niagara's breath.
In this way you read my mind
and place the naked fruit in my mouth.
You offer me your imagination and greed
for me to make a voracious poem for you,
identical to you,
in a solar language.

## Cuando mi amor me abrió las puertas del cielo

Cuando mi amor me abrió las puertas del cielo
vi que los ángeles tenían versos en sus alas transparentes
y que todo el cielo infinito se posaba sobre un suelo
tan firme como el universo y la imaginación.
Los colores tienen la virtud del cristal inmaculado
y los pájaros cantan los versos que crean la virtud
de las alas de los ángeles.
Cuando mi amor me abrió las puertas del cielo
vi el origen de la dicha
y ya no supe cómo vivir sin ella.

## When My Love Opened the Gates of Heaven

When my love opened the gates of heaven
I saw verses on the angels' translucent wings
and that all of heaven's infinity rested on a surface
as firm as the universe and imagination.
The colors have the virtue of immaculate crystal
and birds sing verses to create the virtue
of the angels' wings.
When my love opened the gates of heaven
I saw the origin of joy
and I no longer knew how to live without it.

## Hay una hoguera en el mar

1

Porque tú eres la que yo más quiero
te corono con rosas blancas
con vino y cantos de juglares.
Un pájaro madrugador y una rosa rara
nacen donde mueren los lirios
y viven la fortuna de amar.
El placer y el vino lo viven los juglares.

2

Hay una hoguera en el mar
igual a la que retiene mi corazón con tu nombre.
Es una hoguera hecha de rosas
con el fuego de la mística salvaje de sus pétalos.
Mi amor es un querubín alumbrado
por la hoguera del mar.

## A Fire Burns in the Sea

1

Because I love you more than any other
I adorn you with a crown of white roses
with wine and bardic poetry.
A morning songbird and a rare rose
are born where lilies die
and they share the fortune of love.
Pleasure and wine are the realm of bards.


2

A fire burns in the sea
like the one my heart burns with your name.
It is a fire made of roses
burning the wild mysticism of their petals.
My love is a cherub illuminated
by the fire burning in the sea.

## Un romance antiguo

Yo vivo donde nadie vive,
habito un romance antiguo que solo me permite
crear el mundo para que ella exista
y encarne la belleza.
Yo canto el romance antiguo
le hago poemas encima del movimiento de las estrellas
y la pinto diferente, de una manera desenfrenada.
La hago reír, y con el vino
se desnuda entregándome su alma
que queda entre mis ojos y mis manos
como un pecado inmaculado.

## AN ANCIENT ROMANCE

I live where no one else lives,
I inhabit an ancient romance that only allows me to
create the world for her to exist
and embody beauty.
I sing the ancient romance
making poems for her above the movement of the stars
and I paint her differently, with wild abandon.
I make her laugh, and with wine
she undresses giving me her soul
that I hold between my eyes and my hands
like an immaculate sin.

## Mi Simonetta Vespucci

Se llevan sacos de mar y gemas del infinito
cuando hay eclipses de luna azul de sangre
y se ven los ríos del cielo.
En esos ríos bajó mi Simonetta Vespucci
en una concha de mar para que la pintara
Sandro Botticelli en El Nacimiento de Venus
y tapara el sol con una hebra de su pelo.
Yo la veo jugar con los hipocampos, las estrellas de mar
y con el hoyo negro de mi amor
lleno de ángeles y demonios
arrebatándome la poca razón que me queda
con la bocanada de rosas que me alarga la agonía.

## My Simonetta Vespucci

During blue blood moon eclipses
sea scapes and ancient gems are carried away
and rivers appear in the sky
From those rivers my Simonetta Vespucci
descended in a seashell to be painted by
Sandro Botticelli in The Birth of Venus
blocking the sun with a strand of her hair.
I watch her play with seahorses, starfish
and the infinite black hole of my love
full of angels and demons
stealing what little reason I have left
with my Simonetta Vespucci's breath of roses
that keep me going in agony.

## ENCIMA DE LA LUNA

I

Ven amada mía, que las líneas de tu mano
tienen la edad del oro y del marfil
y los árboles de durazno que sembraste
con ellas
quieren que llegue vivo a la orilla de su aroma.

II

Jóvenes y alegres,
yo le pedí un deseo a la noche
y ella cortó un lucero de la mañana con una navaja de
        plata.

## On The Moon

I

Come, my love, for the lines on your hand
are as weathered as marble and gold
and the peach trees you planted
with them
want me to reach their fragrance while I still have life left
in me.

II

We were young and joyful,
and I asked night to grant me a wish
and she carved a morning star with a silver knife.

## UNA PASIÓN SECRETA

Para alargar la vida hay que perseguir gaviotas
y montarse sobre sus alas para pintar
de espuma el azul del mar.
Las gaviotas viven entre el mar y el cielo
igual que la nostalgia y mi corazón.
Yo tengo una pasión secreta prendida con un alfiler
al triunfo sobre la muerte.
Así van a leer mis poemas los enamorados,
viendo gaviotas entre el mar y el cielo.

## A SECRET PASSION

To keep on living you have to catch seagulls
and ride their wings to paint
foam on the blue sea.
Seagulls live between the sea and the sky
as do nostalgia and my heart.
I keep a secret passion pinned
to triumph over death.
That is how lovers will read my poems
watching seagulls between the sea and the sky.

## SIMONETTA SABE QUE LA AMO

Suite para violonchelo solo nº 4 en Mi bemol mayor
de J. S. Bach.
Ella, la triste, incapaz de volver tras sus pasos
y repetir como Bach lo innombrable del amor.
Ella sabe que la amo. Le doy mi vida y la devuelve.
Le aburre mi suicidio. Poca cosa es el alba.
Ella no quiere tocar mi sangre, el óleo
con el que pintó Van Der Weyden El Descendimiento.
No quiere mancharse el corazón con la sangre
del que lo dio todo por ella
y ser feliz.

## SIMONETTA KNOWS I LOVE HER

Cello Suite No 4 in E-Flat major
by J.S. Bach.
She, saddened, incapable of retracing her steps
and repeating as Bach did unspeakable love.
She knows I love her. I give her my life and she sends it
    back.
My suicide does not interest her. The dawn is
insignificant.
She does not want to touch my blood, the oil paint
Van Der Weyden used for The Descent.
She does not want to stain her heart with the blood
of the one who gave everything for her
and to be content.

## CUANDO TODAS LAS ISLAS ESTÉN BAJO EL AGUA

Cuando todas las islas estén bajo el agua
y agonicen los arrecifes de coral,
cuando navegues detrás de los espejos
y enciendas la oscurana de los astros con el fuego
        inagotable
de tu sombra empujando la luz en el espacio,
entonces voy a decirte los nombres
de los hombres que borré del cielo porque te amaron.

## When All the Islands are Underwater

When every island is underwater
and coral reefs agonize,
when you sail behind mirrors
illuminating the darkness of stars with the eternal flame
of your shadow emitting light through space,
then I will tell you the names
of the men I killed because they loved you.

## NACIÓ PARA SER AMADA POR MÍ

Ella solo emerge luminosa
cuando el cielo se llena de ternura,
la magia del verde musgo de la montaña
suelta los aromas del paraíso de su cuerpo.
Yo la tengo cautiva en mis sueños.
Y se confiesa conmigo:
"Nadie se ha sentido tan amada como yo,
soy tus poemas y nací para ser amada por tí
y quedar en la historia de los grandes amores."
Y yo que soy un tigre de la India que sueña,
como pájaro le canto una canción para dormirla
acurrucada en mis brazos.

## SHE WAS BORN TO BE LOVED BY ME

She only appears illuminated
when the sky is filled with tenderness,
the magic of green mountain moss
releases aromas from her body's paradise.
I hold her captive in my dreams.
And she confesses to me:
"No one has ever felt so loved as I,
I am your poems, and I was born to be loved by you,
to be remembered in history as one of the greatest loves."
And I am a Bengal tiger dreaming
myself a bird singing her a lullaby
rocking her in my arms.

## LAS MUJERES TEJEN UN JUEGO MÁGICO

Las almas abandonadas se alimentan de malaquitas,
ponen a asolear sus ojos ciegos
para desentrañar la luz de los eclipses
y hacer anillos blancos.
Mientras tanto
las mujeres tejen un juego mágico de telas y texturas
para que las lágrimas puedan bordarse con delicadeza.

## WOMEN KNIT A MAGICAL GAME

Abandoned souls feed on malachite crystals,
lifting their blind eyes to the sun
to unravel light from eclipses
And make white rings.
Meanwhile
women knit a magical game from fabric and textures
to delicately embroider tears.

## MI DULCINEA

Mi Dulcinea se llama Simonetta Vespucci.
Ella es mi utopía, la poesía de mis manos,
el documento de mis despertares.
Ella es mi dolor, mi miedo, mi desesperación
mi irracionalidad, mi puesto de mando
para entender mis sueños.
Simonetta es mi Axa, mi Fátima y mi Marlén,
mi Sumaya que canta en la noche
y mi molino de viento.
Espigada ella me vence, me rinde a sus pies
que la trajeron a mí para inventar mi mundo
y hacerme pensar en la vida.
Mi ADN tiene la sangre de mi Simonetta.
Y la luna de flores alimenta la gota de agua
de los ríos que van a dar al mar
y ella es mi mar.

## MY DULCINEA

My Dulcinea is called Simonetta Vespucci.
She is my utopia, poetry in my hands,
proof of my awakening.
She is my pain, my fear, my desperation
my irrationality, my command post
to understand my dreams.
Simonetta is my Axa, my Fatima, and my Marien,
my Sumaya who sings in the night
and my windmill.
She defeats me willowy, makes me surrender at her feet
that carried her to me to invent the world
to make me ponder life.
My DNA carries Simonetta Vespucci's blood.
And the flower moon fills the drop of water
from rivers that flow to the sea
and my Simonetta is my sea.

## Estoy huyendo de la realidad

En la oscuridad, sin una sola gotitita de luz,
mis ojos se voltean para adentro.
Estoy huyendo de la realidad,
de las sombras que pasan intimidándome.
Mozart hace sonar más alto la Sinfonía Concertante
en Mi Bemol Mayor para que se me volteen los ojos.
Encuentro mucho desorden.
Tantas mujeres que amé.
Mi corazón está sembrado en un arboreto
junto al corazón de mi padre.
¿Será cierto que los faraones tuvieron naturaleza divina?
Mi Simonetta es más divina que humana,
y se me apareció como un rayo de luz.
Y yo estoy convencido de lo que dice mi padre:
solo el amor detiene la violencia del tiempo.
Y me pregunto:
¿Por qué el corazón de mi Simonetta
no está sembrado conmigo en el arboreto?

## I AM FLEEING REALITY

In the dark, without even a tiny ray of light,
my eyes turn inward.
I am fleeing reality,
the shadows that appear and intimidate me.
The volume increases from Mozart's Sinfonia Concertante
in E Flat Major to make me look back.
I discover great disorder.
So many women I loved.
My heart is planted in an arboretum
beside my father's heart.
Could it be true that the pharaohs had a divine origin?
My Simonetta Vespucci is more divine than human,
and she appeared to me like a ray of light.
And I believe what my father says:
only love can stop the violence of time.
And I ask myself:
Why is my Simonetta's heart
not planted beside me in the arboretum?

## LA BELLEZA DEL CAPRICHO


Los vagabundos, los artistas, los bohemios,
esas etnias gitanas errantes
que surcan el mundo en sus carromatos,
esos jóvenes vagabundos que no se atan a nada,
que viven en guetos pintando
la libertad en su alma.
Dios no creó seres idénticos.
Y creó la belleza y la crueldad, la memoria y el olvido,
la ternura y el vicio de la sangre, el desierto y la lluvia,
y los ángeles de nieve.
Y creó la belleza del capricho y la diferencia,
de la hormiga, la jirafa, el león, el tiburón, la raya,
la foca, el cóndor, el rinoceronte, la ballena,
la jirafa, el lagarto, el tapir.
Y millones de millones
de animales idénticos a la exuberancia de la fantasía,
y millones de millones de árboles y flores y frutas
idénticos a los sueños,
y millones de millones de estrellas y planetas
y el lado oscuro de la luna
y ángeles que se esconden en la libertad del infinito.

## The Beauty of Whimsy

Vagabonds, artists, bohemians,
those wandering gypsies
who cross the earth in their wagons
those young vagabonds not tied to anything,
living in ghettos painting
their soul's freedom.
God did not create identical beings.
He created beauty and cruelty, memory and forgetting,
tenderness and thirst for blood, the desert and rain,
and snow angels.
And he created the beauty of whimsy and difference,
the ant, the giraffe, the lion, the shark, the stingray,
the seal, the condor, the rhinoceros, the whale,
the lizard, the tapir.
And millions upon millions
of animals equally exuberant in their fantasy,
and millions upon millions of trees and flowers and fruits
equal to dreams,
and millions upon millions of stars and planets
and the dark side of the moon
and angels who hide in the freedom of infinity.

## TU ERES MI PARAÍSO TERRENAL

Cuando te veo yo quiero ser un pájaro
y cantarte canciones dulces para entrar en tu vida.
Quiero asaltar tu corazón para latir con el tuyo.
Si me dijeran que deje mi locura por tus ojos
de Venus Vespucci Angora
daría mi piel con mi sangre de miel y de lluvia.
Le daríamos la vuelta al mundo para acomodar
los sueños: un ángel congelado
que necesita nuestro aliento.
El demonio, el mundo y la carne te dieron a mí
así como Dios nos dio el Paraíso Terrenal.

## YOU ARE MY EARTHLY PARADISE


When I see you I want to be a bird
to enter your life singing sweet melodies.
I want to clutch your heart to beat with yours.
If they told me to forget my obsession with your eyes
Venus Vespucci Angora
I would give my flesh and my blood made of honey and
      rain.
We would circle the world to make room for
dreams: a frozen angel
who needs our inspiration.
The world, the flesh, and the devil gave you to me
just as God gave us Earthly Paradise.

## ALUCINANDO EN MI SOLEDAD

Alucinando en mi soledad
oí que una flor me decía:
"Cuando el mar arrojó los muertos
a las costas del infinito
vi cómo florecían las lilas en tus párpados
y sentí cómo mi mano tocó un sueño".
La serpiente, la soledad, los poemas
son autoritarios como el mar
en una pintura de Picasso.
¿Y por qué me habla una lila en mi soledad?
¿Y por qué me hace feliz un poema
que hace florecer lilas en tu cuerpo?

## HALLUCINTING IN MY SOLITUDE

Hallucinating in my solitude
I heard a flower say to me:
"When the sea washed up the dead
on the coasts of infinity
I saw lilies bloom on your eyelids
and I felt my hand touch a dream."
The serpent, solitude, poems
are uncompromising like the sea
in a Picasso painting.
And why does a lily speak to me in my solitude?
And why do I find joy in a poem
that makes lilies bloom on my body?

## EL MAR

Cuando hay borrasca y tormenta y las olas del mar
se arrecian violentas unas contra otras,
y el cielo se apaga y deja de existir
y solo quedan las olas vivas enloquecidas
con un rugido sordo, implacables,
queriendo salvar el reino del mar,
y que nadie quede vivo
hasta que vuelva a encenderse el cielo
y yo pueda distinguir los sueños y la realidad.

## THE SEA

When there are squalls and storms and the waves in the
        sea
rise up crashing violently into one another,
and the sky grows opaque and disappears
and all that remains are uncontrollable waves
with a deafening roar, relentless,
wanting to save the kingdom of the sea,
and sparing no one
until light reappears in the sky
and I am able to distinguish dreams from reality.

## A LA BELLEZA DÉJALA ENTRAR


Déjala entrar. A la belleza déjala entrar.
Que no te atemorice la amapola que lleva en sus labios,
ni el relámpago de sus ojos.
Toca su piel para vivir, camina sobre el agua.
Ella va a entrar en tu vida cuando abras los ojos,
cuando la serpiente cambie de piel y llueva sobre el mar.
Hay que abrir el alma y respirar profundo
las corrientes subterráneas, la aurora boreal,
los lagartos del Amazonas, el oso blanco y el cenzontle.
No hay que alargar la mano para tocar la belleza.
La belleza te envuelve a ti si abres tu alma.

## LET BEAUTY IN

Let her in. Let beauty in.
Do not fear the poppy she carries on her lips,
or the lightening in her eyes.
Touch her skin to live, to walk on water.
She will enter your life when you open your eyes,
when the snake sheds its skin and it rains on the ocean.
You must open your soul and breathe in deeply
underground currents, the aurora borealis,
Amazonian lizards, the polar bear, and the cenzontle.
You do not have to extend your hand to touch beauty.
Beauty surrounds you if you open your soul.

## ROSAS FUGITIVAS

Siempre hay más claridad antes de que anochezca
y puedes ver esconderse a las rosas fugitivas
en la maraña del iris de tus ojos.
El iris guarda versos separados de mi vida
pero unidos a la breña de mi alma y el azafrán.
Seguramente son versos que soñé
como confesión del espíritu
y los ángeles los guardaron amorosamente
en el olvido.

## Ephemeral Roses

Everything is always clearer just before dusk
and you can see how ephemeral roses hide
in the tangled iris of your eyes
The iris clings to verses plucked from my life
but inseparable from the essence of my soul and saffron.
Surely they are verses that I dreamed
as a confession of my spirit
and angels lovingly placed them
in the realm of forgetting.

## Un alma como la mía

Uno se pasa toda la vida cavando el túnel.
Y entonces uno entra en un bello mausoleo de mármol
en el cementerio de Granada y sales en el edén
de una mina de fantasías
en Orión o en Alfa Centauri.
Pasas todos tus desvelos dibujando tu alma
y de pronto la encuentras en "el lirio divino de las
          anunciaciones"
de Simonetta Vespucci, con un alma como la mía
haciendo florecer el edén y la belleza de los ángeles.
Helena y Simonetta, la Virgen pintada por Fra Angélico
y las Elegías de Duino de Rainer Maria Rilke.

## A Soul Like Mine

You spend your whole live digging the tunnel.
And then you enter a beautiful marble mausoleum
in Granada's cemetery to emerge in paradise
in a treasure trove of fantasies
in Orion or in Alpha Centauri.
You spend every waking hour sketching your soul
and suddenly you find it in "divine lily of annunciations"
and Simonetta Vespucci, with a soul like mine
making paradise and the beauty of angels bloom.
Helen and Simonetta, the Virgin pianted by Fra Angelico
and the Duino Elegies by Rainer Maria Rilke.

## DESNUDOS CON LA LUNA

Yo le ofrecí a Simonetta
una vida llena de poemas, oro, incienso y mirra
y un collar de arrecifes de corales y perlas.
Le recogí el mar en un pañuelo de minardí,
le prometí robarle a la luna el secreto de su amor oscuro,
me abrí el corazón con un acero de Toledo.
Y con alfileres y mi sangre dibujé su perfil y el mío en el
        espejo
que refleja la melodía de una cajita de música
con la que durmieron a mi abuela,
a mi padre, a mi hijos, a mi Simonetta y a mí.
Ella dice que acepta mi amor
si dormimos desnudos con la luna.

## Nude in Moonlight

I offered Simonetta Vespucci
a life full of poems, gold, incense, and myrrh,
and a necklace of coral and pearls.
I scooped up the ocean in an embroidered kerchief,
I promised to steal the secret of dark love from the moon,
I slashed open my heart with a sword from Toledo.
And I used needles and my blood to draw her portrait
and mine in the mirror
repeating the music box melody
that was my grandmother's lullaby,
and my father's, and my children's and my Simonetta's,
    and mine.
She says that she will accept my love
if we sleep together nude in moonlight.

## SIEMPRE A ELLA

Cuando mi Simonetta suda agua de río
se mancha el cielo y se vienen eclipses de luna y de sol
y llueve copiosamente en el borde de la tierra.
Entonces del fondo del fuego brotan pétalos, rubores,
la nada vista desde la muerte y el pecado original.
Yo me enamoré de Simonetta cuando vi la media luna
del sudor bajo su brazo, cuando entendí
que ella no diferencia entre la verdad y la mentira,
que sus pecados tienen la belleza del ángelus.
Y que su amor y mi amor
se parecen como una puesta de sol y la noche oscura
y el Nacimiento de Venus.

## ALWAYS FOR HER

When sweat streams from my Simonetta
the sky grows dark and there are eclipses of the moon
and the sun
and rain pours on the edge of the earth.
Then from the depths of fire petals and warmth emerge
nothingness observed from death and original sin.
I fell in love with Simonetta when I saw the crescent
        moon
of sweat under her arm, when I understood
that she did not distinguish between truth and fiction,
that her sins held the beauty of the angelus.
And that her love and my love
are as similar as a sunset and a dark night
or the Birth of Venus.

## ME ESTÁN LLAMANDO

Todos se están yendo y nadie me avisa
de esos nuevos vacíos que quedan en la vida.
Me parece que me están llamando:
Horacio, que tocaba la guitarra y cantaba;
Lazo, que hacía música con el canto de los pájaros.
¿Por qué me llaman? ¿Quién les dice que me llamen?
Yo quiero seguir amando a mis nietos,
seguir silabeando la vida con mi Simonetta Vespucci,
seguir rondando mi vida con poesía,
con la pintura de Mantegna, la música de Bach
y las Flores del Mal de Baudelaire.
Pero que no me lleven ya, que me den
tiempo de equivocarme otra vez.

# They are Calling Me

Everyone is leaving and no one has warned me
about the growing emptiness in my life.
It seems as if they are calling me:
Horacio, who played the guitar and sang;
Lazo, who made music from birdsong.
Why do they call to me? Who is telling them to call to
      me?
I want to keep loving my grandchildren,
writing my life with my Simonetta Vespucci,
surrounding my life with poetry,
Mantegna, Bach, Baudelaire.
But let them not take me just yet, let them give me
time to err again.

## MI SIMONETTA SE ADORNA CON EL MAR

Mi Simonetta se adorna con el mar,
con las plumas de ojos negros de un pavorreal
con las alas de un ruiseñor y el canto de un jilguero.
Ella maneja los hilos de oro de los rayos del sol
y el esplendor de la plata en el azul de la poesía
y la torpe espuma del mar.
Pero ella no necesita ningún adorno,
ella es el adorno del mundo del agua y de la tierra.
Solo las palabras de la envidia lloran revolcándose en los cardos que hieren
en la tenue luz del amanecer.
Y yo me quitaría la vida el día que deje de quererme.

## My Simonetta Adorns Herself With the Sea

My Simonetta adorns herself with the sea,
with a peacock's black-eyed feathers,
with nightingale wings and a goldfinch song.
She directs the sun's golden rays
and the silvery glow of poetry's blue
and frothy sea foam.
Yet she has no need for any decoration,
she adorns the world, water, and earth.
Only words of envy whirl weeping among painful prickly
      plants
in morning's muted light.
And I would end my life the day she stopped loving me.

## Porque ella es ella entre todas las mujeres

Hoy amanecieron los pájaros alborotados trinando
porque ella es ella entre todas las mujeres
y mi Ángel de la Guarda lo sabe y siente celos de ella.
Sin embargo mi Ángel me dijo que desde el cielo
Simonetta y yo nos vemos como dos luceros.

## BECAUSE SHE IS WHO SHE IS AMONG ALL WOMEN


The birds awoke this morning with excited singing
because she is who she is among all women
and my Guardian Angel knows it and is jealous of her.
But my Angel told me that from heaven
Simonetta and I look like two heavenly bodies.

## YO SUELTO MIS SUEÑOS PARA QUE PASTEN CON LAS ESTRELLAS


Cuando suelto a mis sueños para que pasten
con las estrellas, las rocas no tropiezan con los luceros,
ni con los jazmines, ni con los
panales de abejas.
¿Cómo se puede almacenar tanto amor
si no hay tanta madera dulce?

## I Set My Dreams Free to Graze Among the Stars

When I set my dreams free to graze
among the stars, meteors do not hit the stars,
or jazmine,
or beehives.
Where can you stow away so much love
when there is not enough sweet wood.

## SIMONETTA ES UNA DIOSA ENCIMA DE MÍ


Simonetta es una diosa encima de mí,
es una furia dulce convertida en una lagarta bella
que ilumina mi vida minusválida, el Amazonas
y los recovecos que Antares tiene en los versos de
        Antonio Gamoneda.
Ella reduce el mundo al solar de mis almohadas
y con los osos panda ara el antártico para desnudarse
y deslumbrar al cielo lleno de vírgenes prudentes.

## SIMONETTA IS A GODDESS ABOVE ME


Simonetta is a goddess above me,
a sweet fury transformed into a beautiful
lover
illuminating my debilitated life, the Amazon
and the hidden corners of Antares in Antonio
       Gamoneda's verses.
She withers the world into the space of my pillows
and tills the Antarctic with panda bears undressing
and dazzling the sky filled with modest virgins.

## El amor es un crimen inventado por la belleza

Tengo un amor entre la ceja y el corazón
y quiero arrojarme a los pájaros
y hundirme con los cormoranes
para ver la luz y la lluvia diciendo que el amor
es un crimen inventado por la belleza.
Yo tengo un amor más grande que mi alma
y como del tamaño del cielo de una noche
convertida en el río luminoso
donde se baña mi Simonetta Vespucci
en los pequeños momentos que sale de mi corazón.

## LOVE IS A CRIME INVENTED BY BEAUTY

I am overcome by love from head to heart
and I want to throw myself to the birds
and dive with cormorants
to see light and rain say that love
is a crime invented by beauty.
I am overcome by love greater that my soul
as wide as the night sky
transformed into an illuminated river
where my Simonetta Vespucci is bathing
in the tiny moments beating from my heart.

## ¿QUIÉN ME PRESTA UNA ESCALERA?

¿Quién me presta una escalera para dormir en el mar
y dibujar flores silvestres?
Ahora llueve agua azul sobre mi frágil memoria
y logra tocar mi corazón.
¿Quién me presta una escalera
para bajar el mar a mis manos y llenarlo de ángeles?
Por favor Simonetta, quédate en el mar con los ángeles
para que salves mi alma.
Tú sabes que el amor es el ángel que disuelve el pecado
y crea la ilusión, la esperanza y la luz al final del túnel.

## WHO WILL LEND ME A LADDER?

Who will lend me a ladder to sleep in the sea
and draw wildflowers?
Blue rain falls now on my fragile memory
and reaches my heart.
Who will lend me a ladder
to bring the sea down to my hands and fill it with angels?
Please, Simonetta, stay in the sea with the angels
to save my soul.
You know that love is the angel that pardons sin
and creates illusion, hope, and a light at the end of the
       tunnel.

## MI REINO POR UN BESO DE SIMONETTA

Veo el mundo con mis ojos castaños,
veo el instante infinito del principio del mundo
sin manchas de hollín, con el agua herida,
veo el Nacimiento de Venus de Sandro Botticelli
cuando hay muchas lunas en el cielo
barriendo sus lodos.
Yo me odio cuando ella se pone seria conmigo,
cuando me habla y sus palabras no me suenan a jilguero,
yo solo pienso en el jardín con rosas de su pelo suelto
y pierdo mi libertad y mis cinco sentidos
y me siento como un sueño de sherezade,
y digo: mi reino por un beso de Simonetta
y veo a Simonetta, santo amor de mi devoción.

## MY KINGDOM FOR A KISS FROM SIMONETTA

I see the world with my brown eyes,
I see the infinite instant when the world began
without traces of soot, with wounded water,
I see the Birth of Venus by Sandro Botticelli
with many moons in the sky
sweeping away darkness.
And I abhor myself when she is curt with me
when she speaks to me and her words do not echo
      birdsong,
I can only think of the rose garden of her flowing hair
and I am robbed of freedom and my five senses
and I feel as if I have been dreamed by Sherezade,
and I say: my kingdom for a kiss from Simonetta
and I see Simonetta, saintly love of my devotion.

## YO ESCOJO TU MIEL

Yo escojo tu miel en los diferentes cielos
y rosales de tus pechos.
La miel inventa los inviernos
y llena de agua purísima las cuencas vacías
de los ríos olvidados.
Toda la miel que sale de tu cuerpo
me da pensamientos
y versos hilados con sueños que no me dejan dormir
y solo me dejan besar la luna de tu miel.

## I CHOOSE YOUR HONEY

I choose your honey from all the heavens
and rose bushes of your breasts.
Honey invents winter rain
filling dry chasms with pure water
from forgotten rivers.
All the honey that flows from your body
gives me ideas
and verses interlaced with dreams to prevent my sleeping
and only allow me to kiss the honey of your moon.

## LA VIRTUD DE AMAR


Cuando vi el océano en llamas
y a un rey gigante quemándolo todo con sus ojos
entendí la trama de los sueños:
caerán los meteoros sobre la tierra
Y tú te vestirás con hierbas y con flores
en nuestra vida húmeda y el tiempo seco.
Vendrán los pájaros con el sonido y la luz
convirtiendo el tesoro de tu mano
en una mariposa
convirtiendo mi amor entero en un verso de amor.

## THE VIRTUE OF LOVING


When I saw the ocean in flames
and a giant king burning everything with his gaze
I understood the course of dreams:
meteorites will hit the earth
and you will adorn yourself in herbs and flowers
in our humid life and in the dry season.
There will be songbirds and light
transforming the treasure of your hand
into a butterfly
transforming my eternal love into a love poem.

## EL ARTE DE VIVIR

Un día tuve una juventud inolvidable
la vida era húmeda, veloz, y el tiempo
alcanzaba para vagar y hacer poemas,
jugar la vida como en un casino de Las Vegas,
hacer el amor haciéndome el enamorado
y aprender a decir "te quiero" como un Romeo
intemporal
¿Y qué me queda de toda esa santidad endemoniada?
Muchos poemas, y una imaginación tan grande
y tan rica como el mar de Simbad
y una mujer tan bella que es la diosa de la belleza.

# THE ART OF LIVING

I once had a memorable youth
life was fertile, swift, and there was enough time
to be idle, to make poems,
playing life like a Las Vegas casino,
making love making myself out to be in love
and learning to say "I love you" like an eternal
Romeo
And what is left now of all that cursed sanctity?
Many poems, and an imagination as immense
and as wide as Sinbad's seas
and a woman so beautiful that she is the goddess of
      beauty.

## No basta un beso para amarse

Para que el Paraíso fuera solamente tuyo y mío
escurrí el acero en el ojo de la serpiente
mientras ella asustada mordía mi lengua.
No basta un beso para amarse
ni solo el amor para cegar.
Simonetta hizo el milagro de abrirme los ojos
¿Y quién puede escapar de los cuatro puntos
cardinales del amor?
¿Quién puede cerrar el valle y dejar el infierno
adentro?

## ONE KISS IS NOT ENOUGH FOR LOVING

For Paradise to belong only to you and to me
I pierced the serpent's eye with a sword
as she bit my tongue, frightened.
One kiss is not enough for loving
nor simply loving to be blind.
Simonetta miraculously opened my eyes
And who can escape love's four
cardinal points?
Who can close the valley and keep hell
inside?

## El mar es el oído de Beethoven

> Explicándome Simonetta Vespucci

El mar es el oído de Beethoven,
entras para purificarte.
La inmensidad del oído de Beethoven lo purifica todo.
Oye el fondo del mar el nacimiento de los corales,
la respiración de los caballitos de mar,
la agitada belleza de la luz en las profundidades.
Beethoven tiene un mar infinito aullándole a la luna
Y vive detrás de un pájaro que nunca muere.

## THE SEA IS BEETHOVEN'S EAR

> Explaining myself Simonetta Vespucci

The sea is Beethoven's ear,
you enter it for purification.
The immensity of Beethoven's ear purifies all.
It hears the sea floor the birth of coral,
seahorses breathing,
glimmering light in the depths.
Beethoven has an infinite sea howling to the moon
And he lives behind a bird that never dies.

## MI EQUIVOCACIÓN Y MI FORTUNA

¿Por qué me equivoqué tanto en mi vida?
Y ahora siento que ya es hora de morir
y no de rectificar.
Es la sal de la muerte, mi música extremada.
Mi padre escribió poemas para que yo ganara
el perdón de la belleza, el ardor del fuego
y un puño de arena.
El amor es mi equivocación y mi fortuna.
Me soltaron en la vida equivocada
con platos rotos y sol quebrado y luna bisiesta.
Me arriaron desnudo pegado al ángel de los sueños
para que le diera rienda suelta a la imaginación.
Para que me ate a Simonetta Vespucci
y me diga que el amor no se equivoca,
que el mundo se hizo únicamente para ella y para mí.

## MY FLAW AND MY FATE


Why did I make so many mistakes in life?
And I now feel that it is time to die
and not to rectify.
It is death's salt, my extreme music.
My father wrote poetry for me to receive
forgiveness from beauty, burning fire,
and a fistful of sand.
Love is my flaw and my fate.
They put me in the wrong life
with broken plates and broken sun and a leap year moon.
They sent me naked clinging to the angel of dreams
for my imagination to run wild.
To tie me to Simonetta Vespucci
and to tell me that love does not err,
that the world was made solely for her and for me.

## CONTÁNDOLE MI VIDA
## A SIMONETTA VESPUCCI

Ese dolor, esa angustia de sentir que mi padre
y mi madre desaparecen.
Es un golpe que tarda años.
Lo vas sintiendo diario en tus ojos,
en tus arterias, en tu corazón que palpita
como una locomotora antigua.
Y pasas años sin cantar bajo la lluvia.
Mi memoria aumenta sus formas invisibles.
Pero oigo cantar a mi padre, esa hermosa
dulce voz romántica que canta boleros y habla de poesía
de San Juan de la Cruz, del Gioto, de Masaccio,
y su voz es la de un místico pagano,
devoto del cielo y de la carne.

## Telling My Life Story to Simonetta Vespucci

That pain, that anguish sensing that my father
and my mother were disappearing.
It is a shock that lasts for years.
You start feeling it daily in your eyes,
in your arteries, in your heart with the drumming
of an old locomotive.
And you spend years not singing in the rain.
My memory amplifies their invisible forms.
But I hear my father's song, that beautiful
sweet romantic voice that sings boleros and speaks of
      poetry
by San Juan de la Cruz, Giotto, Masaccio,
he has the voice of a pagan mystic,
faithful to heaven and to flesh.

## La boca de hielo de la serpiente

La boca de hielo que devolvió la serpiente
hizo que aparecieran el fuego en las cavernas primitivas,
las cuevas de Altamira, la profundidad del mar,
el Nacimiento de Venus, el nacimiento de mi amada
Simonetta Vespucci,
y que se descubrieran los oscuros, duros y fríos lugares
      para morir.

## THE SERPENT'S ICY MOUTH

The icy mouth that the revealed the serpent
gave rise to fire in primitive caves,
Altamira's caves, the ocean floor,
the Birth of Venus, the birth of my beloved Simonetta
Vespucci,
and it led to the discovery of cold, dark, cruel places to
      die.

## VEN RÁPIDO AMADA DULZURA

Ven, dulzura, te necesito para vivir.
Tengo una salud fracasada, pero un corazón lleno
de ideas sobre el amor,
que construyen mi vida con tu presencia.
No puede llorar más un herido de guerra
que solo ve caras amargas, oye pedradas y no tiene
santuario de dulzura.
Ya no puedes tardarte más, amada.
Sin ti, cualquier roce que tiene mi alma con la vida
destruye mi hoy y mi mañana.
Álzate, amada dulzura,
con el inmenso poder del amor y la belleza
y ven rápido al lado mío antes que muera.

## COME QUICKLY BELOVED SWEETNESS

Come to me, sweetness, I need you to live.
My health has failed me, but my heart is full
of thoughts of love,
that sustain my life with your presence.
Not even a wounded soldier could suffer more greatly
one who sees only bitter faces, who hears only fighting
      and who lacks
any sweet sanctuary.
You must not delay any longer, my love.
Without you, any encounter that my soul has with life
will destroy my today and my tomorrow.
Arise, beloved sweetness,
with the immense power of love and beauty
and come swiftly to my side before I die.

## ¿POR QUÉ TARDAS ESE DILATADO AZUL?

¿Por qué tardas ese dilatado azul,
ese oscuro lado del alma donde uno muere?
¿Por qué tardas sedosa Simonetta en darme el sutil
beso que me dará la vida o la muerte?

## WHAT IS TAKING YOU SO LONG ENDLESS BLUE?

What is taking you so long endless blue,
dark side of the soul where one dies?
What is taking you so long silken Simonetta in giving me
       the soft
kiss to give me life or death?

## NOCHE DE BRUJAS

Todo lo que estamos viviendo amada Simonetta
salió de una noche de brujas, del paisaje áspero de su
 corazón.
Siento que nos estamos cayendo con la piel y el alma
 destrozadas,
pero que Nicaragua conserva el amor intacto
como una Virgen intocata que imprime su ternura.
En la noche de brujas han hecho sacrificios humanos.
¿Has visto los ríos de sangre que suben a los volcanes
para alistar la lava de un infierno sin cielo?
¿Estas oyendo los gritos aterradores de los torturados?
¿Estas sintiendo, como yo, los gemidos y la angustia de
 todos?

## ALL HALLOWS' EVE

Everything we are seeing beloved Simonetta
emerged on All Hallows' Eve, from the heart's barren
    landscape.
I feel us stumbling with our skin and our soul in tatters,
but Nicaragua's love remains pure
as an unblemished Virgin embodying tenderness.
There have been human sacrifices on All Hallows' Eve.
Have you seen the rivers of blood climbing volcanoes
calling lava from a hell without heaven?
Can you hear the terrifying cries of the tortured?
Can you feel, as I do, everyone's suffering and pain?

## LLOREN CONMIGO

Lloren conmigo, la suerte me ha abandonado,
la mujer que yo tanto amaba
le dio la vuelta a la fortuna
y quebró el espejo de mi amor.
Lloren conmigo los mirlos,
lloren conmigo el canto y el luto negro de las viudas,
lloren conmigo los ejércitos enamorados
de una sola mujer que suelta
sus trenzas para irse con otro amor.
Nadie conoce ese dolor, sólo el que se quita la vida.

## WEEP WITH ME

Weep with me, fate has abandoned me,
the woman I so loved
twisted my destiny
and shattered the mirror of my love.
Weep with me blackbirds,
weep with me widows' mourning and sorrowful song,
weep with me armies of men in love
with one woman who lets down her hair
to run off with another love.
No one knows that pain, except the one who takes his
       own life.

## SI YA NO ME AMAS

Si ya no me amas,
si nunca me quisiste,
si me hiciste creer una mentira deliciosa,
si te inventé perfecta, inmaculada,
si el sol rotaba en torno a las virtudes que cometíamos,
dime una sola mentira más
para poder acomodar mi muerte junto a tu amor
porque ese sueño me hará morir en tus brazos.

## IF YOU NO LONGER LOVE ME

If you no longer love me,
if you never loved me,
if you led me to believe a delicious lie,
if I imagined you perfect, immaculate,
if the sun revolved around the virtues we lived,
tell me just one more lie
so that I may place my death beside your love
because that dream will make me die in your arms.

## AY SOLEDAD MÍA

Ay soledad mía
tan exquisita impar
no arrebatada a nadie
solo al cardo
único acorde de sangre.

## OH SOLITUDE OF MINE

Oh dear solitude
so exquisite, inimitable
never unkind to anyone
apart from the rogue
unparalleled blood chord.

## Ayúdame a vivir, Simonetta

Arrancada de los árboles estas flores de llamas
están sumergidas en el sarro que abre mi corazón.
Ayúdame a vivir.
Una ola violenta me destierra de la alegría,
de la soledad, de la ilusión de vivir.
Me arrancaron de los árboles.
Y no sé si fui feliz y ya me toca la hora de morir
y nadie me ayuda a vivir.
Hay un parque en mis sueños y yo paseo
en mi silla de ruedas hablando con los pájaros
y me dan frutas y cantan para mí,
pero después despierto mojado de lágrimas.

## HELP ME GO ON, SIMONETTA

These fiery flowers torn from trees
are covered in the rust that opens my heart.
Help me go on, Simonetta.
A violent wave banishes me from happiness.
from solitude, from the illusion of life.
I was torn from trees.
And I know not whether I was happy and if this is my time to die
and no one is helping me go on.
There is a park in my dreams where I go
in my wheelchair chatting with birds
and they give me fruit and sing for me,
but then I awaken drenched in tears.

## YA NO TENGO PÁJAROS EN LOS OJOS

Tan destruido está el amor que ya no tengo pájaros en
 los ojos
tan destruido está mi corazón
que ya no siente alfileres brujos y tijeras aceradas.
Soy arena de oasis, así me dejó el amor
como un hombre entre los hombres,
con mi corazón buscando una sombra
de una teja funeraria
¿has visto Simonetta cómo se manchó de sangre
el cielo azul y blanco de Nicaragua?

## MY EYES NO LONGER SEE BIRDS

Love has been so destroyed that my eyes no longer
    see birds
so destroyed that my heart
no longer feels hot needles and razor-sharp scissors.
I am sand from an oasis, that is how love left me
a man among men,
with my heart seeking shade
in a funeral home
Simonetta, have you seen how blood has stained
Nicaragua's blue and white sky?

## ¿QUÉ CAMPANAS TOCARÁN PARA MÍ?

¿Qué campanas tocarán para mí?
Las mujeres hablarán sobre las bellas que me amaron,
y me hirieron como una manzana.
Edna St. Vincent Millay habló toda la vida
de Salomón de la Selva
y Irma Prego vestida de blanco como un lirio
siempre cuchicheó sobre Carlos Martínez Rivas,
Adelita Marenco siempre anduvo a Ernesto Cardenal
entre sus dientes y sus labios carnosos y rosados.
Y yo amé hasta la muerte a mi Simonetta Vespucci
y el mundo sabrá que mis sueños fueron posibles,
porque mi amor volteó el mundo al revés,
hizo que todos se amaran
y a los ricos los despidió sin nada.
Todos los enamorados leerán mis poemas para ella
y los andarán entre pecho y espalda.

## WHAT BELLS WILL TOLL FOR ME?

What bells will toll for me?
Women will speak of the beauties who loved me,
and who sliced me like an apple.
Edna St. Vincent Millay spoke her entire life
about Salomón de la Selva
and Irma Prego wrapped in white like a lily
always gossiped about Carlos Martínez Rivas,
Adelita Marenco always carried Ernesto Cardenal
on the tip of her tongue and on her full, rosy lips.
And I loved my Simonetta Vespucci until my dying days
and the world will know that my dreams were possible,
because my love turned the world upside down,
making everyone love one another
and leaving the wealthy with nothing.
All lovers will read the poems I wrote for her
and they will carry them in their hearts.

## No tengo fuerza ni siquiera para morir

No tengo fuerza
ni siquiera para morirme.
¿A quién le entrego la vida que tanto amé?
¿Quién es capaz de guardar tanto exceso de vida
si yo viví el fulgor de mi sangre
y lloré la ascensión del dolor extremado?
Guardé mentiras y secretos
pero solo la poesía me dijo la verdad
y me abrió el mundo.
Sobre la hierba han ido quedando pedazos de mí,
ya florecerán frente a los ojos de quienes me amaron.
Creceré como árboles de frutas que tienden su sombra
a las urgencias de los poetas jóvenes
o me quedaré en el cielo
iluminando el camino de mi amada,
el camino de mis hijos,
el camino de mis nietos.

## I Have no Strength, Not Even to Die

I have no strength
not even to die.
To whom do I surrender the life I so adored?
Who would be able to keep such an abundant life
if I felt passion running through my veins
and wept at the ascension of extreme pain?
I kept lies and secrets
but only poetry spoke truth to me
and showed me the world.
I have sown pieces of myself along the way,
soon those who loved me will see them bloom.
I will grow like fruit trees that lend their shade
to the fervor of young poets
or I will remain in heaven
lighting the way for my beloved,
for my children,
for my grandchildren.

## Mi momento de morir

> A mi Simonetta Vespucci

Yo quiero ya
mi momento de morir.
El amor no ha sido bueno conmigo,
me ha tocado sin escrúpulos
me ha llamado al desierto de la espiga
donde las mujeres son crueles y azules.

Nadie se ama
y yo no soy yo.
Mi desierto corazón sin calcetines
hoy me dijo que ya no me ama
que nadie recuerda mis poemas de amor.
Que el alba es mi hora de morir.
¡Ay! Simonetta, no tuviste misericordia de mi amor.
Ya es mi momento de morir
y tú vas a continuar viviendo
por la vida que yo te di.

## My Time to Die

> To my Simonetta Vespucci

I am asking now
to let it be my time to die.
Love has not been kind to me,
it has touched me without scruples
it has called me to the desert
where women are cruel and blue.

No one loves anyone
and I am not I.
My desert heart unadorned
told me today that it does not love me anymore
that no one remembers my love poems.
That dawn will be the hour of my death.
Oh! Simonetta, you did not take pity on my love.
It is now time for me to die
and you will go on living
for the life I gave you.

## EL AMOR ES UN CRIMEN, SIMONETTA

Creo en la vida,
en la bendición de las ilusiones,
en el sacramento de la libertad,
en el hombre bendecido por la poesía.
El amor es valiente.
El amor es un crimen, Simonetta.
Soy un desquiciado que ama.
Necesito el amor y la guerra,
las cicatrices del amor y la guerra.
Cada pedazo de mi corazón tiene cicatrices
del amor y de la guerra.
Desde lo alto del cielo me vienen las heridas,
las heridas que jamás sanan.

## LOVE IS A CRIME, SIMONETTA

I believe in life,
in the blessing of illusions,
in the sacrament of freedom,
in mankind blessed by poetry.
Love is daring.
Love is a crime, Simonetta.
I am mad for love.
I need love and war,
scars from love and war.
Each chamber of my heart bears the scars
from love and war.
My wounds come down from the highest heavens,
wounds that never heal.

## Acerca del autor

Granada, Nicaragua, 1945. Poeta, narrador, ensayista y promotor cultural. Es Presidente del Festival Internacional de Poesía de Granada, Miembro de Número de la Academia Nicaragüense de la Lengua, Medalla de Honor en Oro de la Asamblea Nacional de Nicaragua, Cruz de la Orden al Mérito Civil otorgada por el Rey Juan Carlos I de España, Doctorado Honoris Causa en Humanidades otorgado por la Universidad American College, Homenaje Múltiple al poeta Francisco de Asís Fernández editado por la Academia Nicaragüense de la Lengua, Hijo Dilecto de la Ciudad de Granada, Nicaragua. Ha publicado los poemarios *A Principio de Cuentas* (1968, Editorial Finisterre, México, D.F., ilustraciones de José Luis Cuevas), *La Sangre Constante* (1974, Ediciones del Centro Universitario de la UNAN, Managua, Nicaragua, ilustraciones de Rafael Rivera Rosas), *En el cambio de Estaciones* (1982, Editorial UNAN, León, Nicaragua, ilustraciones de Fayad Jamis), *Pasión de la Memoria* (1986, Editorial Nueva Nicaragua, Managua, Nicaragua), *FRISO de la Poesía, El Amor y la Muerte* (1997, poesía, Edición del Fondo Cultural del Banco Nicaragüense, ilustraciones de Orlando Sobalvarro), *Árbol de la Vida* (1998, Ediciones del Centro Nicaragüense de Escritores, Managua, Nicaragua, ilustraciones de José Luis Cuevas), *Celebración de la Inocencia. Poesía Reunida* (2001, Editorial CIRA, ilustraciones de José Luis Cuevas, texto de solapa de Fanor Téllez), *Espejo del Artista* (2004, Ediciones del Centro Nicaragüense de Escritores, Prólogo de Edwin Yllescas, ilustraciones de Orlando Sobalvarro), *Orquídeas*

*Salvajes* (2008, Editorial Visor, Madrid, España), *Granada: Infierno y Cielo de mi Imaginación*, Publicación que reúne toda su poesía dedicada a la Ciudad de Granada y a su gente (2008, Editorial Amerrisque.) *Crimen Perfecto* (2011, E.D.A libros, colección NorteSur, Málaga España, prólogo de José Luis Reina Palazón), *La Traición de los Sueños* (2013, Editorial Amerrisque, Managua, Nicaragua, Portada de Omar de León, prólogo de José María Zonta), *La Traición de los Sueños* (2014, Editorial Alfar, Sevilla, España, portada de Omar de León, prólogo de José María Zonta), *Luna Mojada* (2015, edición bilingüe español-inglés, Editorial Revista LA OTRA, portada de Mario Londoño, prólogo de Juan Carlos Abril, texto de solapa de María Ángeles Pérez, traducción al inglés de Stacey Alba Skar Hawkins), *La Invención de las Constelaciones* (2016, edición bilingüe español-inglés, Ediciones Hispamer, portada de Juan Carlos Mestre, texto de la solapa del poeta Marco Antonio Campos, prólogo de Víctor Rodríguez Núñez, nota interior de María Ángeles Pérez López, texto de contraportada de Juan Carlos Mestre, traducción de Stacey Alba Skar), *El tigre y la rosa* (2017, edición bilingüe, español-inglés, Ediciones Hispamer, portada de Juan Carlos Mestre, prólogo I de Antonio Gamoneda, prólogo II de Raúl Zurita, nota interior de Gioconda Belli, contratapa de Víctor Rodríguez Núñez, traducción de Stacey Alba Skar), *En mis manos no se marchita la belleza* (2018, Homenaje Múltiple al poeta Francisco de Asís Fernández editado por la Academia Nicaragüense de la Lengua, Selección de Jorge Eduardo Arellano). *Hay un verso en la llama* (2020, editado por Uruk Editores, Costa Rica, portada de Juan Carlos Mestre, prólogo I de Antonio Gamoneda, prólogo II de

Víctor Rodríguez Núñez, contraportada de Raúl Zurita) *Detente, cielo mío (*2020, Uruk Editores, Costa Rica, portada de Jorge Jenkins, prólogo I de José Ramón Ripoll, prólogo II de Alfredo Fressia, contraportada de Víctor Rodríguez Núñez). *Quiero morir en la belleza de un lirio* (2020, edición bilingüe traducción: Stacey Alba Skar. Editado por New York Poetry Press, USA. Portada de Yomi Amador, Prologo I de Raúl Zurita, Prólogo II de María Ángeles Pérez López, Prólogo III: Óscar Oliva; contraportada: texto Antonio Gamoneda); *La Tempestad* (2021, edición bilingüe traducción: Stacey Alba Skar. Editado por New York Poetry Press, USA. Prologo I de Héctor Tajonar, Prólogo II de José Ángel Leyva).

## About the Author

Granada, Nicaragua, 1945. Poet, narrator, essayist, and cultural promoter. He is President of the International Poetry Festival of Granada, official member of the Nicaraguan Academy of Language, recipient of the Gold Medal of Honor from the Nicaraguan National Assembly, recipient of the Cross for the Order of Civil Merit conferred by King Juan Carlos I of Spain, and Doctor Honoris Causa in Humanities conferred by the American College, and Favorite Son of the city of Granada, Nicaragua. In addition to the book homage of essays and poems by multiple international authors compiled by the Nicaraguan Academy of Language to pay tribute to the author's poetry, he has published the following books of poetry: *A Principio de Cuentas* (1968, Editorial Finisterre, México, D.F. Illustrated by José Luis Cuevas), *La Sangre Constante.* (1974, Edited by the Centro Universitario de la UNAN. Managua, Nicaragua. Illustrated by Rafael Rivera Rosas), *En el cambio de Estaciones.* (1982, Editorial UNAN, León, Nicaragua. Illustrated by Fayad Jamis), *Pasión de la Memoria.* (1986, Editorial Nueva Nicaragua, Managua, Nicaragua), *FRISO de la Poesía, El Amor y la Muerte*, (1997 - Poetry. Edited by the Fondo Cultural del Banco Nicaragüense. Illustrations by Orlando Sobalvarro). *Árbol de la Vida,* (1998, Edited by the Centro Nicaragüense de Escritores, Managua, Nicaragua. Illustrations by José Luis Cuevas), *Celebración de la Inocencia* - Poetry anthology- (2001 Editorial CIRA. Illustrations by José Luis Cuevas- Inside cover text by Fanor Téllez), *Espejo del Artista* (2004, Edited

by the Centro Nicaragüense de Escritores. Prologue by Edwin Yllescas- Illustrations by Orlando Sobalvarro). *Orquídeas Salvajes* (2008. Edited by Editorial Visor, Madrid, Spain.) *Granada: Infierno y Cielo de mi Imaginación. Poetry anthology of poems dedicated to the city and citizens of Granada, Nicaragua* (2008. Editorial Amerrisque). *Crimen Perfecto* (2011, Edited by E.D.A libros, NorteSur Series-Málaga, Spain. Prologue by José Luis Reina Palazón). *La Traición de los Sueños,* (2013, Editorial Amerrisque, Managua, Nicaragua. Cover by Omar de León—Prologue by José María Zonta). *La Traición de los Sueños* (2014, Editorial Alfar, Sevilla, Spain. Cover by Omar de León, Prologue by José María Zonta), *Luna Mojada* (2015. Bilingual Spanish-English edition. Edited by Editorial-Revista LA OTRA, Cover by Mario Londoño, Prologue by Juan Carlos Abril, Book flap text by María Ángeles Pérez, English language translation by Stacey Alba Skar Hawkins), *La Invención de las Constelaciones* (2016. Bilingual Spanish-English edition. Edited by Ediciones Hispamer. Cover by Juan Carlos Mestre, Book flap text by Marco Antonio Campos; Prologue by Víctor Rodríguez Núñez, Introduction by María Ángeles Pérez López, Back cover by Juan Carlos Mestre, English language translation by Stacey Alba Skar Hawkins), *El tigre y la rosa* (2017. Bilingual Spanish-English edition. Edited by Ediciones Hispamer. Cover by Juan Carlos Mestre, Prologue I by Antonio Gamoneda, Prologue II by Raúl Zurita; Introduction by Gioconda Belli, Back cover by Víctor Rodríguez Núñez, English language translation by Stacey Alba Skar Hawkins), *En mis manos no se marchita la belleza* (2018, Book homage with essays and poems by multiple international authors

compiled by the Nicaraguan Academy of Language to pay tribute to the author's poetry, Edited by Jorge Eduardo Arellano). *Hay un verso en la llama* (2020, Edited by Uruk Editores, Costa Rica. Cover by Juan Carlos Mestre, Prologue I by Antonio Gamoneda, Prologue II by Víctor Rodríguez Núñez; Back cover by Raúl Zurita) *Detente, cielo mío (*2020 edited by Uruk Editores, Costa Rica. Cover by Jorge Jenkins, Prologue I by José Ramón Ripoll, Prologue II by Alfredo Fressia; Back cover by Víctor Rodríguez Núñez). *Quiero morir en la belleza de un lirio* (2020, bilingual Spanish-English edition. English translation by: Stacey Alba Skar. Edited by New York Poetry Press, USA. Cover by Yomi Amador, Prologue I by Raúl Zurita, Prologue II by María Ángeles Pérez López, Prologue III: Óscar Oliva; Back cover by Antonio Gamoneda); *La Tempestad* (2021, Bingual Spanish-English edition. English translation by: Stacey Alba Skar. Edited bt New York Poetry Press, USA. Prologue I by Héctor Tajonar, Prólogo II by José Ángel Leyva).

# ÍNDICE / CONTENTS

## 63 poemas de amor a mi Simonetta Vespucci
## *63 Love Poems to My Simonetta Vespucci*

El poeta y Simonetta Vespucci · 10
*The Poet and Simonetta Vespucci* · 11
Amatista del agua · 20
*Water Amethyst* · 21
Así es el amor · 22
*That is Love* · 23
Simonetta toca el cielo con su mano · 24
*Simonetta Touches Heaven with Her Hand* · 25
Descubren un nuevo planeta · 26
*They have discovered a new planet* · 27
Una tangara azulada · 28
*A Blue Tanager* · 29
Las colinas ocres de las mañanas · 30
*Morning's Ochre Hills* · 31
De un lirio espiritual · 32
*From a Spriritual Lily* · 33
Ese azul Prusia · 34
*That Prussian Blue* · 35
Sobre el Amazonas · 36
*On the Amazon* · 37
Hay un verso en la llama · 38
*A Verse in the Flame* · 39
El milagro de la vida · 40
*The Miracle of Life* · 41

Esclavos de su aroma · 42
*Slaves to its Perfume* · 43
Perfectas como el arcoíris · 44
*Perfect Like the Rainbow* · 45
Palabra solar · 46
*Solar Language* · 47
Cuando mi amor me abrió las puertas del cielo · 48
*When My Love Opened the Gates of Heaven* · 49
Hay una hoguera en el mar · 50
*A Fire Burns in the Sea* · 51
Un romance antiguo · 52
*An Ancient Romance* · 53
Mi Simonetta Vespucci · 54
*My Simonetta Vespucci* · 55
Encima de la luna · 56
*On the Moon* · 57
Una pasión secreta · 58
*A Secret Passion* · 59
Simonetta sabe que la amo · 60
*Simonetta Knows I Love Her* · 61
Cuando todas las islas estén bajo el agua · 62
*When all the Islands are Underwater* · 63
Nació para ser amada por mí · 64
*She Was Born to Be Loved by Me* · 65
Las mujeres tejen un juego mágico · 66
*Women Knit a Magical Game* · 67
Mi Dulcinea · 68
*My Dulcinea* · 69
Estoy huyendo de la realidad · 70
*I am Fleeing Reality* · 71

La belleza del capricho · 72
*The Beauty of Whimsy* · 73
Tu eres mi paraíso terrenal · 74
*You are My Earthly Paradise* · 75
Alucinando en mi soledad · 76
*Hallucinting in My Solitude* · 77
El mar · 78
*The Sea* · 79
A la belleza déjala entrar · 80
*Let Beauty in* · 81
Rosas fugitivas · 82
*Ephemeral Roses* · 83
Un alma como la mía · 84
*A Soul Like Mine* · 85
Desnudos con la luna · 86
*Nude in Moonlight* · 87
Siempre a ella · 88
*Always for Her* · 89
Me están llamando · 90
*They are Calling Me* · 91
Mi Simonetta se adorna con el mar · 92
*My Simonetta Adorns Herself with the Sea* · 93
Porque ella es ella entre todas las mujeres · 94
*Because She is Who She is Among all Women* · 95
Yo suelto mis sueños para que pasten con las estrellas · 96
*I Set My Dreams Free to Graze Among the Stars* · 97
Simonetta es una diosa encima de mí · 98
*Simonetta is a Goddess Above Me* · 99
El amor es un crimen inventado por la belleza · 100
*Love is a Crime Invented by Beauty* · 101

¿Quién me presta una escalera? · 102
*Who Will Lend Me a Ladder?* · 103
Mi reino por un beso de Simonetta · 104
*My Kingdom for a Kiss from Simonetta* · 105
Yo escojo tu miel · 106
*I Choose Your Honey* · 107
La virtud de amar · 108
*The Virtue of Loving* · 109
El arte de vivir · 110
*The Art of Living* · 111
No basta un beso para amarse · 112
*One Kiss is not Enough for Loving* · 113
El mar es el oído de Beethoven · 114
*The Sea is Beethoven's Ear* · 115
Mi equivocación y mi fortuna · 116
*My Flaw and My Fate* · 117
Contándole mi vida a Simonetta Vespucci · 118
*Telling My Life Story to Simonetta Vespucci* · 119
La boca de hielo de la serpiente · 120
*The Serpent's Icy Mouth* · 121
Ven rápido amada dulzura · 122
*Come Quickly Beloved Sweetness* · 123
¿Por qué tardas ese dilatado azul? · 124
*What is Taking You so Long Endless Blue?* · 125
Noche de brujas · 126
*All Hallows' Eve* · 127
Lloren conmigo · 128
*Weep with Me* · 129
Si ya no me amas · 130
*If You no Longer Love Me* · 131

Ay soledad mía · 132
*Oh Solitude of Mine* · 133
Ayúdame a vivir, Simonetta · 134
*Help Me Go on, Simonetta* · 135
Ya no tengo pájaros en los ojos · 136
*My Eyes no Longer See Birds* · 137
¿Qué campanas tocarán para mí? · 138
*What Bells Will Toll for Me?* · 139
No tengo fuerza ni siquiera para morir · 140
*I Have no Strength, not Even to Die* · 141
Mi momento de morir · 142
*My Time to Die* · 143
El amor es un crimen, simonetta · 144
*Love is a Crime, Simonetta* · 145
Acerca del autor · 148
*Abaut the Author* · 152

# Colección
## PREMIO INTERNACIONAL DE POESÍA NUEVA YORK POETRY PRESS

1
*Idolatría del huésped / Idolatry of the Guest*
César Cabello

2
*Postales en braille / Postcards in Braille*
Sergio Pérez Torres

3
*Isla del Gallo*
Juan Ignacio Chávez

4
*Sol por un rato*
Yanina Audisio

5
*Venado tuerto*
Ernesto González Barnert

## Colección
## CUARTEL
### Premios de poesía
(Homenaje a Clemencia Tariffa)

**1**
*El hueso de los días.*
Camilo Restrepo Monsalve

-

V Premio Nacional de Poesía
Tomás Vargas Osorio

**2**
*Habría que decir algo sobre las palabras*
Juan Camilo Lee Penagos

-

V Premio Nacional de Poesía
Tomás Vargas Osorio

**3**
*Viaje solar de un tren hacia la noche de Matachín*
*(La eternidad a lomo de tren)* /
*Solar Journey of a Train Toward the Matachin Night*
*(Eternity Riding on a Train)*
Javier Alvarado

-

XV Premio Internacional de Poesía
Nicolás Guillén

**4**
*Los países subterráneos*
Damián Salguero Bastidas

-

V Premio Nacional de Poesía
Tomás Vargas Osorio

Colección
**VIVO FUEGO**
**Poesía esencial**
(Homenaje a Concha Urquiza)

1
*Ecuatorial / Equatorial*
Vicente Huidobro

2
*Los testimonios del ahorcado (Cuerpos siete)*
Max Rojas

## Colección
## PARED CONTIGUA
**Poesía española**
(Homenaje a María Victoria Atencia)

1
*La orilla libre / The Free Shore*
Pedro Larrea

2
*No eres nadie hasta que te disparan /*
*You are nobody until you get shot*
Rafael Soler

3
*Cantos : & : Ucronías / Songs : & : Uchronies*
Miguel Ángel Muñoz Sanjuán

5
*Las razones del hombre delgado*
Tina Escaja

5
*Las razones del hombre delgado*
Rafael Soler

Colección
# PIEDRA DE LA LOCURA
**Antologías personales**
(Homenaje a Alejandra Pizarnik)

1
*Colección Particular*
Juan Carlos Olivas

2
*Kafka en la aldea de la hipnosis*
Javier Alvarado

3
*Memoria incendiada*
Homero Carvalho Oliva

4
*Ritual de la memoria*
Waldo Leyva

5
*Poemas del reencuentro*
Julieta Dobles

6
*El fuego azul de los inviernos*
Xavier Oquendo Troncoso

7
*Hipótesis del sueño*
Miguel Falquez Certain

8
*Una brisa, una vez*
Ricardo Yañez

9
*Sumario de los ciegos*
Francisco Trejo

10
*A cada bosque sus hojas al viento*
Hugo Mujica

11
*Espuma rota*
María Palitchi (Farazdel)

12
*Poemas selectos / Selected Poems*
Óscar Hahn

13
*Los caballos del miedo / The Horses of Fear*
Enrique Solinas

Colección
**MUSEO SALVAJE**
Poesía latinoamericana
(Homenaje a Olga Orozco)

1
*La imperfección del deseo*
Adrián Cadavid

2
*La sal de la locura / Le Sel de la folie*
Fredy Yezzed

3
*El idioma de los parques / The Language of the Parks*
Marisa Russo

4
*Los días de Ellwood*
Manuel Adrián López

5
*Los dictados del mar*
William Velásquez Vásquez

6
*Paisaje nihilista*
Susan Campos Fonseca

7
*La doncella sin manos*
Magdalena Camargo Lemieszek

8
*Disidencia*
Katherine Medina Rondón

9
*Danza de cuatro brazos*
Silvia Siller

10
*Carta de las mujeres de este país / Letter from the Women of this Country*
Fredy Yezzed

11
*El año de la necesidad*
Juan Carlos Olivas

12
*El país de las palabras rotas / The Land of Broken Words*
Juan Esteban Londoño

13
*Versos vagabundos*
Milton Fernández

14
*Cerrar una ciudad*
Santiago Grijalva

15
*El rumor de las cosas*
Linda Morales Caballero

16
*La canción que me salva / The Song that Saves Me*
Sergio Geese

17
*El nombre del alba*
Juan Suárez

18
*Tarde en Manhattan*
Karla Coreas

19
*Un cuerpo negro / A Black Body*
Lubi Prates

20
*Sin lengua y otras imposibilidades dramáticas*
Ely Rosa Zamora

21
*El diario inédito del filósofo vienés Ludwig Wittgenstein /*
*Le Journal Inédit Du Philosophe Viennois Ludwig Wittgenstein*
Fredy Yezzed

22
*El rastro de la grulla / The Crane's Trail*
Monthia Sancho

23
*Un árbol cruza la ciudad / A Tree Crossing The City*
Miguel Ángel Zapata

24
*Las semillas del Muntú*
Ashanti Dinah

25
*Paracaidistas de Checoslovaquia*
Eduardo Bechara Navratilova

26
*Este permanecer en la tierra*
Angélica Hoyos Guzmán

27
*Tocadiscos*
William Velásquez

28
*De cómo las aves pronuncian su dalia frente al cardo /*
*How the Birds Pronounce Their Dahlia Facing the Thistle*
Francisco Trejo

29
*El escondite de los plagios / The Hideaway of Plagiarism*
Luis Alberto Ambroggio

30
*Quiero morir en la belleza de un lirio /*
*I Want to Die of the Beauty of a Lily*
Francisco de Asís Fernández

31
*La muerte tiene los días contados*
Mario Meléndez

32
*Sueño del insomnio / Dream of Insomnia*
Isaac Goldemberg

33
*La tempestad / The tempest*
Francisco de Asís Fernández

34
*Fiebre*
Amarú Vanegas

35
*63 poema de amor a mi Simonetta Vespucci /*
*63 Love Poems to My Simonetta Vespucci*
Francisco de Asís Fernández

36
*Es polvo, es sombra, es nada*
Mía Gallegos

Colección
**TRÁNSITO DE FUEGO**
Poesía centroamericana y mexicana
(Homenaje a Eunice Odio)

1
*41 meses en pausa*
Rebeca Bolaños Cubillo

2
*La infancia es una película de culto*
Dennis Ávila

3
*Luces*
Marianela Tortós Albán

4
*La voz que duerme entre las piedras*
Luis Esteban Rodríguez Romero

5
*Solo*
César Angulo Navarro

6
*Échele miel*
Cristopher Montero Corrales

7
*La quinta esquina del cuadrilátero*
Paola Valverde

8
*Profecía de los trenes y los almendros muertos*
Marco Aguilar

9
*El diablo vuelve a casa*
Randall Roque

10
*Intimidades / Intimacies*
Odeth Osorio Orduña

11
*Sinfonía del ayer*
Carlos Enrique Rivera Chacón

12
*Tiro de gracia / Coup de Grace*
Ulises Córdova

13
*Al olvido llama el puerto*
Arnoldo Quirós Salazar

14
*Vuelo unitario*
Carlos Vázquez Segura

15
*Helechos en los poros*
Carolina Campos

16
*Cuando llueve sobre el hormiguero*
Alelí Prada

Colección
**VISPERA DEL SUEÑO**
**Poesía de migrantes en EE.UU.**
(Homenaje a Aida Cartagena Portalatín)

1
*Después de la lluvia / After the rain*
Yrene Santos

2
*Lejano cuerpo*
Franky De Varona

3
*Silencio diario*
Rafael Toni Badía

**Colección**
**SOBREVIVO**
**Poesía social**
(Homenaje a Claribel Alegría)

1
*#@nicagüita*
María Palitachi

2
*Cartas desde América*
Ángel García Núñez

3
*La edad oscura / As Seen by Night*
Violeta Orozco

Colección
**MEMORIA DE LA FIEBRE**
**Poesía feminista**
(Homenaje a Carilda Oliver Labra)

1
*Bitácora de mujeres extrañas*
Esther M. García

2
*Una jacaranda en medio del patio*
Zel Cabrera

3
*Erótica maldita / Cursed Erotica*
María Bonilla

4
*Afrodita anochecida*
Arabella Salaverry

Colección
**LABIOS EN LLAMAS**
**Poesía emergente**
(Homenaje a Lydia Dávila)

1
*Fiesta equivocada*
Lucía Carvalho

2
*Entropías*
Byron Ramírez Agüero

3
*Reposo entre agujas*
Daniel Araya Tortós

Colección
**VEINTE SURCOS**
Antologías colectivas
(Homenaje a Julia de Burgos)

*Antología 2020 / Anthology 2020*
*Ocho poetas hispanounidenses / Eight Hispanic American Poets*
Luis Alberto Ambroggio
Compilador

Colección
**PROYECTO VOCES**
Antologías colectivas

María Farazdel (Palitachi)
Compiladora

*Voces del café*

*Voces de caramelo / Cotton Candy Voices*

*Voces de América Latina I*

*Voces de América Latina II*

**Colección**
**MUNDO DEL REVÉS**
**Poesía infantil**
(Homenaje a María Elena Walsh)

1
*Amor completo como un esqueleto*
Minor Arias Uva

2
*La joven ombú*
Marisa Russo

Para los que piensan, como Octavio Paz, que "la poesía es conocimiento, salvación, poder, abandono", este libro se terminó de imprimir en el mes de septiembre de 2021 en los Estados Unidos de América.

www.ingramcontent.com/pod-product-compliance
Lightning Source LLC
Chambersburg PA
CBHW030112170426
43198CB00009B/590